AF245181

L. AUVRAY

UNE SOURCE

DE LA

VITA ROBERTI REGIS

DU MOINE HELGAUD

Extrait des MÉLANGES D'ARCHÉOLOGIE ET D'HISTOIRE
publiés par l'École française de Rome, t. VII.

ROME
IMPRIMERIE DE LA PAIX DE PHILIPPE CUGGIANI
Piazza della Pace, Num. 35.
1887

UNE SOURCE

DE LA

VITA ROBERTI REGIS

DU MOINE HELGAUD

La *Vita Roberti Regis* composée dans la première moitié du
XIe siècle par Helgaud, moine à l'abbaye de Fleury-sur-Loire,
ne paraît pas avoir joui d'une grande fortune au Moyen-Age.
Il ne nous en est parvenu qu'un manuscrit (Vat. Reg. 566) (1);
mais ce manuscrit offre un intérêt tout particulier. Il est contemporain de l'auteur, et de plus, il présente tous les caractères
d'un autographe : on peut y surprendre le travail de l'écrivain
donnant à une œuvre déjà terminée une forme nouvelle. Non
seulement le texte a subi de nombreuses corrections de détail,
que révèlent à chaque page les ratures et les surcharges ; mais
des passages entiers ont été ajoutés après coup, soit dans les
marges, soit, quand les marges étaient insuffisantes, sur des
feuillets intercalés, écrits à pleines lignes en caractères fins, tandis que le reste du manuscrit est à deux colonnes, d'une grosse
écriture. En un mot, le texte du ms. 566 du fonds de la Reine
de Suède représente, selon toute apparence, le manuscrit original d'une seconde rédaction de la *Vita Roberti Regis*. L'ouvrage, dans sa première forme, a été écrit d'une main posée ; on
y trouve un certain nombre de fautes qui n'ont pas été toutes
corrigées dans la révision.

Le récit d'Helgaud ne porte guère que sur des événements
tout à fait contemporains ; l'auteur se met lui-même parfois en

---

(1) Le ms. Vat. Reg. 566 est un recueil factice ; plusieurs des fragments qui le composent viennent de Fleury. La *Vita Roberti Regis*
occupe les fol. 3-22. — Un autre ms. d'Helgaud aurait été conservé
dans la bibliothèque de Saint-Aignan, d'après Hubert, *Antiquitez de
Saint-Aignan d'Orléans*, preuves, p. 14. Nous ignorons le sort de cet
exemplaire.

scène. Mais la *Vita Roberti Regis*, d'après Lacurne de Sainte Palaye, " n'était guère que la suite et le supplément d'un ouvrage plus considérable qui la précédait, et que nous n'avons plus. Cet ouvrage était probablement l'histoire des abbayes de Saint-Aignan d'Orléans et de Fleury (1) „. L'hypothèse de Lacurne de Sainte Palaye est très-acceptable. Il paraît certain qu'Helgaud a connu d'anciennes Annales de Saint-Aignan et de Fleury, et nous croyons pouvoir fournir la preuve que, même pour la partie contemporaine qui nous est parvenue, l'auteur a eu sous les yeux au moins un texte composé dans la collégiale de Saint-Aignan : nous voulons parler d'un récit original de la consécration, par le roi Robert, de l'église de Saint-Aignan reconstruite sous son règne.

Ce récit occupe le feuillet 58 r° du ms. Vat. Reg. 585 (2), manuscrit formé de plusieurs fragments ; l'un de ces fragments vient certainement de Fleury (3) ; un autre, comme on le verra plus loin, de Saint-Aignan ; on trouve dans celui-ci une série de textes relatifs à ce saint évêque (vies, sermons), avec d'autres documents hagiographiques orléanais, copiés pour la plupart au XI° siècle (4).

Ce récit de la consécration de la nouvelle basilique de Saint-

(1) Lacurne de Sainte Palaye, Mémoire sur la Vie du moine Helgaud etc., dans *Mém. de l'Acad. des Inscriptions*, X, 557.

(2) Voir la reproduction de cette page, planche IX.

(3) Au fol. 25 v°, dans la marge de tête, se lit cet *ex libris* écrit en capitales : *Hic liber est, Benedicte, tuus, sanctissime pater.* — Le ms. Reg. 585 se compose de 81 feuillets de parchemin ; la reliure est en parchemin aux armes de Pie IX.

(4) Fol. 13 r°, vie de saint Mesmin ; fol. 24 v°, vie de saint Baumir ; fol. 25 v°, vie de saint Dié ; f° 28 r°, vie de saint Avit ; fol. 33 r°, vie de saint Aignan ; fol. 40 r°, autre vie de saint Aignan ; fol. 48 v° passion de saint Baudile ; fol. 51 v°, sermon sur saint Aignan ; fol. 57 v°, autre sermon sur saint Aignan ; fol. 59 r°, vie de saint Euverte ; le verso du fol. 58 est resté presqu'entièrement blanc ; on y lit seulement quelques notes sur saint Aignan.

Aignan n'est pas, comme on pourrait d'abord le supposer, un emprunt fait à Helgaud par quelque moine curieux de conserver le souvenir de cette cérémonie; il nous paraît certain, au contraire, qu'il est la source du passage correspondant de la *Vita Roberti Regis*. L'ordre dans lequel les faits sont exposés est absolument différent dans les deux textes. Pour que ce morceau, tel qu'il se trouve dans le ms. 585 fût une copie cu une imitation, il faudrait supposer que le copiste ou l'imitateur eût bouleversé comme à plaisir un récit dont les parties se tiennent assez bien. Par exemple, ce même récit a été reproduit, d'après Helgaud, dans les *Miracula sancti Aniani* rédigés au XIV⁰ ou au XV⁰ siècle (1); l'auteur a respecté le texte qu'il avait sous les yeux. Ici, au contraire, on aurait fait subir à l'original une transformation complète, à laquelle il ne pouvait que perdre. C'eût été comme à dessein mettre la confusion là où l'on trouvait l'ordre; le récit serait comme disloqué (2).

(1) Le texte, encore inédit, de ces *Miracula sancti Aniani* est conservé dans le ms. Vat. Reg. 623, fol. 130 suiv.; le chanoine Hubert (*Antiquitez de Saint-Aignan d'Orléans*, p. 47, p. 50, etc.) en mentionne un exemplaire appartenant à la collégiale de Saint-Aignan. C'est sur ce dernier exemplaire et les notes d'Hubert qu'a été faite la copie de ce document par D. Estiennot, copie qui se trouve à la Bibl. Nat., lat. 12776, fol. 267 suiv..

(2) Voici, comme cela ressort de la comparaison des deux récits placés plus loin en regard l'un de l'autre, p. 466 suiv., dans quel rapport se trouvent le texte de l'original et le texte d'Helgaud:

Reg. 585 I	Reg. 566 IV
» II	» ...
» III	» I
» IV	» III
» V	» V
» VI	» VII
» VII	» ...
» VIII	» VI
» IX	» II
» X	» VIII

D'abord vient, dans le texte que nous considérons comme l'original, la liste des grands personnages, évêques ou abbés, qui ont assisté à la cérémonie. Puis, après avoir rappelé, dans une phrase qui n'a même pas de commencement, les mérites de saint Aignan, l'auteur s'étend assez longuement sur le culte que le roi Robert lui avait voué. Après quelques détails sur le nouvel édifice, il revient encore une fois à la cérémonie, aux assistants, puis, de nouveau, au roi Robert. Le passage correspondant d'Helgaud, qui pourtant n'est pas un bien grand écrivain, est beaucoup mieux ordonné. Les redites y sont évitées, les digressions en sont écartées, tout se suit avec une certaine logique. Il paraît absolument invraisemblable que le récit le mieux composé ait été écrit le premier; il est, au contraire, tout naturel qu'Helgaud ait cherché à faire de cette suite de morceaux décousus un ensemble lisible et bien enchaîné.

Si le texte d'Helgaud était le texte original, il arriverait que la copie qui en aurait été faite, serait non seulement fort brouillée, mais volontairement incomplète. Il serait singulier que le copiste, surtout s'il appartenait au monastère de Saint-Aignan, eût omis de propos délibéré la liste des saints auxquels étaient consacrés les différents autels de la basilique (1), et une partie de la nomenclature des dons faits par le roi Robert à la nouvelle église (2): ces différentes mentions ont été dans la rédaction du ms. 585 l'objet de deux additions successives. Ces omissions ne seraient d'ailleurs pas les seules à relever dans le texte. On

(1) Un cas assez analogue à celui-ci a été signalé par M. L. Delisle au fol. 15 du ms. 20 de l'Université de Leyde (Ms. original de Robert de Torigni). V. Delisle, *Mélanges de Paléographie.*, p. 185.

(2) Nous ne trouvons pas dans le ms. 585 les derniers mots du récit tel qu'il est dans Helgaud; il s'agit de la donation à Saint-Aignan par Robert des autels des deux églises de Ruan et de Santilly; mais cette donation est antérieure à la consécration de la nouvelle église, et serait mal à sa place ici. — Cf. *Historiens de France,* X, 111, E, et Ch. Pfister, *Robert le Pieux,* p. LXXIII.

comprend parfaitement qu'un écrivain composant de premier jet laisse échapper beaucoup de ces petits faits, tandis qu'il n'y a pas de copie, si négligée qu'on voudra la supposer, qui puisse nécessiter des retouches aussi considérables et aussi nombreuses.

Les considérations qui précèdent sont d'ordre plutôt littéraire; on peut tirer de l'examen paléographique de ce morceau des arguments encore plus concluants.

Les ratures, les corrections, les surcharges, tout, jusqu'à l'apparence négligée de l'écriture, dénote un original, non une copie.

Un simple coup d'œil jeté sur le feuillet du ms. Reg. 585 qui nous a conservé ce récit sous sa première forme, permet d'y constater non seulement de nombreuses retouches, mais aussi la présence de deux écritures contemporaines, mais différentes. C'est en effet à une seconde main que sont dues, outre certaines corrections, (1) les deux importantes additions dont il vient d'être parlé, et qui couvrent toute la partie inférieure du feuillet.

Mais voici qui est plus digne de remarque. Lorsque l'auteur a voulu donner les dimensions de la nouvelle église, il n'en avait pas les chiffres en tête; il a donc laissé un large intervalle entre les mots *in latitudine - in alto - fenestras*; or ces intervalles n'ont pas été remplis entièrement par les chiffres, lorsque l'auteur a ajouté ceux-ci après coup; il est même arrivé que le chiffre *XII* qui suit les mots *in latitudine* a dû être écrit un peu au dessus de la ligne: il était comme repoussé par deux mots correspondants de la ligne suivante, qui se trouvaient avoir des hastes supérieures très-prolongées.

Ces circonstances seraient inexplicables si l'on n'avait affaire ici qu'à une copie.

(1) V. plus loin les annotations au texte, qui constatent ces différentes corrections.

Tandis que le feuillet du ms. 585 nous révèle par quantité d'indices le travail de la composition, il est à noter, au contraire, que dans le ms. Reg. 566, qui contient, comme nous avons essayé de le démontrer plus haut, le texte original de la deuxième rédaction de la *Vita Roberti Regis*, le récit qui nous occupe n'a eu à subir presque aucune retouche; mais, ce récit à peine terminé, les ratures, les corrections reparaissent de nouveau presque à chaque ligne. Il semble donc bien qu'Helgaud ait eu ici devant les yeux un texte déjà ébauché.

Il faudrait admettre en revanche, dans l'hypothèse invraisemblable que le récit du ms. 585 soit un emprunt fait à Helgaud, que l'emprunteur ait eu à sa disposition un texte de la *Vita Roberti Regis* à un certain point de vue préférable à celui que nous a transmis le ms. Reg. 566. Ce texte plus pur, texte d'une première rédaction perdue, a pu être une des sources des *Miracula sancti Aniani* et de la *Translatio sancti Euspicii*, (1) et leur fournir la bonne leçon *XXXIII* pour le compte des années du règne de Robert en 1029, au lieu de la mauvaise leçon *XXXVI* du ms. Reg. 566; mais cette première rédaction aurait présenté, comme le prouveraient les *Miracula sancti Aniani*,

---

(1) Pour les *Miracula sancti Aniani*, v. plus haut p. 460. — Pour la *Translatio sancti Euspicii*, voir Hubert, op. cit., preuves p. 17; Mabillon, *Acta O. S. B.*, saec. VI, pars. 1. p. 314, et Boll. *AA. SS. 20 juillet*. Voici le passage de la Translation de saint Euspice qui est manifestement emprunté à Helgaud : « Ad cujus consecrationis (il s'agit de la basilique de Saint-Aignan) diem a glorioso rege ejus basilicae restauratore Rotberto, regni ipsius anno trigesimo tertio, jussione imperatoria imprimis evocantur archipraesules : Leutericus Senonensis, Gauslinus Bituricensis, qui et abbas Floriacensis, atque Arnulphus Turonensis. Horum presentiam subsequuntur praesules : Odolricus Aurelianensis, Theodoricus Carnotensis, Bernerius Meldensis, Rodulphus Silvanectensis; nec defuit etiam presentia venerabilis Odilonis Cluniacensium abbatis »; à cette liste l'auteur de la Translation ajoute : « rector denique Miciacensium pater Albertus. » Il est possible que cette dernière mention soit due à une interpolation.

la même ordonnance et le même texte que la deuxième pour le passage qui nous occupe, et ne pouvait donc pas plus que la deuxième être la base du récit tel qu'il est dans le ms. Reg. 585.

D'ailleurs la plupart des variantes entre les deux textes n'ont guère qu'un intérêt litteraire. Telle phrase a été arrangée par Helgaud d'une manière plus pleine et avec plus de recherche. (1) Il s'imagine parfois donner plus d'ampleur à son style par l'addition de certains mots souvent inutiles.

Cependant, parmi ces différences de détail, il en est une fort curieuse et qui mérite d'autant plus d'appeler notre attention qu'elle peut servir, selon nous, à fixer approximativement la date à laquelle le récit original a été composé. L'auteur, parlant d'un précieux devant d'autel (2) de l'église de Saint-Aignan que le roi Robert avait fait recouvrir d'or, se plaint amèrement que la reine Constance, après la mort du roi, se soit approprié ce riche présent. " La reine, dit-il, oubliant la mémoire de son mari, rejetant toute pudeur, pleine de cupidité, a converti ce don royal aux usages de sa malignité. „ Le texte d'Helgaud vient compléter ici très-heureusement le récit original. Il passe à dessein sous silence cette usurpation sacrilége ; mais d'après lui, " la glorieuse reine affecte, sur le produit de ce devant d'autel, une somme de sept livres à la réparation des toitures du monastère de Saint-Aignan, et distribue le reste, c'est à dire, huit livres, à qui bon lui semble, — *quibus debuit* „. Il est singulier que notre auteur anonyme ne dise rien de cette restitution partielle ; il n'eût pas manqué, s'il en avait eu connaissance, d'y faire au moins allusion, d'atténuer la violence de son langage, et de parler, s'il avait pu les voir, de ces superbes toitu-

(1) Comparer plus loin les deux textes mis en regard l'un de l'autre p. 11 et suiv.

(2) C'est là le sens que Du Cange donne au mot *Tabula* que porte le texte (*Glossar.* v° *Tabula*).

res qui faisaient l'admiration d'Helgaud. Il y a lieu de supposer que cette restitution partielle a été due à un remords tardif de la reine, et qu'elle a été faite par disposition testamentaire. Dans cette hypothèse, la composition de notre récit se placerait entre la mort du roi Robert et celle de la reine Constance, c'est-à-dire entre le 20 juillet 1031 et le 25 juillet 1032. Et comme le texte de ce récit est autographe, le feuillet de ms. qui fait la base de cette étude présenterait un spécimen d'écriture à date quasi certaine (1).

A quoi se rattachait ce morceau, dans la pensée de l'auteur? Il est impossible de répondre avec précision à cette question. Tout le récit est précédé d'une croix qui paraît bien indiquer un renvoi. D'autre part, le mot *denique*, le troisième de tout ce passage, se rapporte évidemment à un récit antérieur, concernant soit Saint-Aignan, soit le roi Robert. Il est très-vraisemblable que le fragment qui a passé dans la *Vita Roberti Regis* ait été destiné primitivement à faire partie d'une chronique de Saint-Aignan, d'*Annales Sancti-Aniani*, dont ce récit serait le dernier vestige.

Ce fragment original ne nous apporte, il est vrai, aucun fait historique nouveau; mais il est rare que l'on puisse comparer la source originale d'un auteur aussi ancien avec le texte, également original, de cet auteur, et surprendre d'une manière

---

(1) Du changement qu'Helgaud a fait subir au texte, il est résulté qu'un petit effet de style qui avait été cherché dans l'original se trouve perdu dans la *Vita Roberti Regis*. Voici en effet ce qu'on lit dans l'original: « ... C. regina... *plena cupidinis* post mortem sanctissimi viri sui ad usus sue retulit malignitatis. Post que omnia *cupidus* sancte benedictionis... » L'opposition est évidente entre *cupidinis* et *cupidus*.

aussi évidente le travail de remaniement par lequel ce texte a passé pour nous parvenir sous sa forme définitive.

Ms. Vat. Reg. 585, fol. 58 r°.

I. *Rotbertus gloriosus denique* (1) *rex* sue ordinationis et benedictionis anno *XXXIII* (2) jussione impe[ratoria] evocavit archipresules Gauzlinum Biturigensem et abbatem Floriacensem, Leotericum Senonensem (3), necnon et Arn[ulfum] Turonensem. Quorum presentiam subsequuntur presules O[dolricus] Aurelianensis, Theodericus Carnotensis, Bernerius Meldensis, Wa[rinus Belvacensis] (4), Rodulfus Silvanectensis. Non defuit etiam presentia domni et venerabilis O[dilonis] Cluniacensium abbatis.

II. Ubi (5) cum per multa annorum curricula nobiliter jacuisset humatus, frequentia miraculorum in demoniacis, paraliticis et a diabolo oppressis vivens vixit et nunc

Ms. Vat. Reg. 566, fol. 17 v.°, col. 1. (Historiens de France, x, 110).

IV. *Rex Rotbertus gloriosus* sue ordinacionis, benedictionis *et assumptionis in regem* anno *XXXmo VIto*, jussione imperatoria evocavit archipresules Gauzlinum Bituricensem et abbatem Floriacensem, Leothericum Senonensem, necnon et Arnulphum Turonensem. Quorum presentiam subsecuntur presules Odolricus Aurelianensis, Theodericus Carnotensis, Bernerius Meldensis, Guarinus Belvacensis et Rodulfus Silvanectensis. Non defuit etiam presentia domni et venerabilis Odilonis Cluniacensium abbatis.

---

(1) Le mot *denique* est biffé.

(2) Nous avons vu plus haut que ce compte de 33 années est le compte juste; celui de 36 années qu'on trouve dans Helgaud est faux; il est inadmissible que le texte erroné ait pu servir de base au texte exact; on ne pourrait attribuer au hasard une telle correction.

(3) Les mots *Leotericum Senonensem* ont été ajoutés dans la marge supérieure.

(4) Les mots *Wa(rinus Belvacensis)* ont été ajoutés après coup.

(5) Cette phrase n'a pas de commencement grammatical; l'auteur, écrivant de premier jet, n'a pas pris la peine d'exprimer complètement sa pensée.

vivit preciosa morte (1) in conspectu Domini Nostri Jhesu Christi. Jacuit ibi a diebus Honorii Imperatoris usque ad tempora R[otberti] Francorum regis piissimi, filii H[ugonis] regis magni; qui sibi adscivit tantum pontificem prece continua, orationibus, sancto fidelique servitio, ut nulli priorum regum in Dei servitio fuerit (2) secundus.

III. *Qualem ergo circa hunc sanctum amorem pie devotionis* habuerit, nullus edicere *cupit*, quia illum suum semper post Deum adjutorem, protectorem et defensorem habere voluit, ad quoscumque potu[isset] pergere gressus. Nam uno die, a quodam suo speciali amicorum amico interpellatus ut quid talem ac tantum pontificem ac non alios sic sanctos suis sanctis laudibus extolleret, respondisse humillima et piisima voce fertur: Quis est Anianus? Anianus, Anianus *est vera pro certo* mestorum consolatio, laborantium fortitudo, regum protectio, principum defensio, pontificum exultatio, clericorum, monachorum, orphano[rum], viduarum *egregius et pater piissimus*. Et alludens ad circumstantes pueros, ait: Num et iste de quo loquimur A[nianus] a penis virgarum vobis pueris non est frequens, vera et probata liberatio?

Ardens quippe ejus [ho]*noris et graciae desiderio et* eum in altiori

I. *Qui quam pium sancte devotionis amorem erga eundem* habuerit, nullus edicere *valet* (3), quia illum suum semper post Deum adjutorem, protectorem et defensorem habere voluit, ad quoscumque potuisset pergere gressus. Nam uno die a quodam suo speciali amicorum amico interpellatus ut quid talem ac tantum pontificem et non alios sic sanctos suis sanctis laudibus extolleret, respondisse humillima et piissima voce fertur: Quis est Anianus? Anianus, Anianus *pro certo est vera* mestorum sonsolacio, laborantium fortitudo, regum protectio, principum defensio, pontificum exultacio, clericorum, monachorum, orphanorum *et* viduarum *egregia et incnarrabilis sublevatio*. Et adludens ad circumstantes pueros, ait: Num et iste, de quo loquimur Anianus a penis virgarum vobis pueris non est frequens, vera et probata (4) liberatio?

Ardens tanti pontificis honore hic redolens flos et decus ecclesie

---

(1) *Morte*, d'abord omis, est écrit dans l'interligne.

(2) L'auteur a corrigé *fuerit* qui lui paraissait trop affirmatif, par *videretur esse;* cette correction est placée dans la marge de fond.

(3) Ms. : *cupit* corr. en *valet.*

(4) Ms. : *probrata.*

volens constituere loco, domum Domini super eum in melius construere coepit, et *ad finem,* Deo cooperante et sancto A[niano] auxilia prebente, ad finem usque perduxit. Habet namque ipsa domus in longitudine tensas (1) XL^a II, in latitudine XII, in alto X, fenestras CXXIII (2). Fecit et altaria in ipso monasterio ad laudem sanctorum numero XVIII.

IV. Caput autem ipsius monasterii fecit miro opere in similitudinem monasterii (3) sancte M[arie] matris Domini et sanctorum Agricole et Vitalis in (4) Claro Monte constituti (5). Lecticam ipsius sancti A[niani] a fronte auro bono et optimo et lapidibus preciosis et argento mero preoccupavit. Tabulam ad altare sancti P[etri] in cujus honore extat locus, auro bono

sancte, et gratia, Dei desiderio eum in altiori volens constituere loco, domum Domini super eum in melius construere cepit et Deo cooperante et sancto Aniano auxilia prebente, ad finem usque perduxit. Habet namque ipsa domus in longitudine tensas XL^{ta} II^{as} in latitudine XII^{cim}, in alto decem, fenestras C^{tum} XX^{ti} IIIes. Fecit et altaria in ipso monasterio ad laudem sanctorum numero X^{cem} et VIIII ^{vem}.

III. Caput autem ipius monasterii fecit miro opere in similitudinem monasterii sancte Marie matris Domini et sanctorum Agricole et Vitalis in Claromonte constituti. Lecticam ipsius sancti Aniani a fronte auro bono et obtimo et lapidibus preciosis et argento mero preoccupavit. Tabulam ad altare sancti Petri, in cujus honore extat locus, auro bono totam co-

---

(1) Le texte portait d'abord *pedes*.

(2) Il ne sera pas sans intérêt de comparer cette description de Saint-Aignan d'Orléans avec celle que Grégoire de Tours a donnée de la fameuse basilique de Saint-Martin *(Hist. Franc.,* II, 14*),* et de l'église bâtie à Clermont par l'évêque Rusticus. On voit que du Ve au XIe s. le nombre des fenêtres dans les églises de première importance a plus que doublé. Quant aux dimensions relatives de ces édifices, il est difficile de les calculer exactement ; on ignore en effet le rapport qui existe entre le *pied* du temps de Grégoire de Tours et la *toise* du XIe s. Si la toise vaut en moyenne de 6 pieds à 7 pieds et demi, comme on l'admet, il en résulte que l'église de Saint-Aignan était beaucoup plus longue que Saint-Martin de Tours, un peu plus large, et sensiblement plus haute ; ce qui explique dans une certaine mesure la différence dans le nombre des fenêtres.

(3) Le mot *monasterii* a été ajouté après coup ; de même, un peu plus loin : *constituti.*

(4) Il y avait d'abord : *Sancti Vitalis Clarimont(ensis).*

(5) Cette comparaison avec l'église Notre-Dame-du-Port de Clermont est d'autant plus intéressante, que ce dernier édifice n'a pas subi de modifications importantes depuis le XIe siècle, époque de sa reconstruction.

totam cooperuit *quam C[onstantia] regina, oblita sui domini, oblita verecundie, plena cupidinis, post mortem piissimi viri sui, ad usus sue retulit malignitatis.* Post que omnia, cupid[us] sanctae benedictionis....

operuit, *de qua Constancia nobilis regina ejus conjux glosiosa, post mortem viri sui sanctissimi Deo et sancto attribuit Aniano, summam scilicet librarum VII^tem ipsius metalli, in meliorandis a se monasterii facti tectis: quibus ab imis ad superiora apertis, celum melius cerneretur quam terra. Extitit in ea quantitatis auri XV^clm librarum probati. Quod reliquum fuit, in quibus debuit, distribuit, quia erat ei sollicitudo ecclesiarum Dei, juxta utile senioris sui velle.* Post que omnia cupidus sancte benedictionis....

V.... *adunari fecit pl[urimos] ministros Dei, archiepiscopos, episcopos, abbates,* non minimi meriti, cum quibus semper desiderabat colloqui, *et [a] domno O[dolrico] urbis ipsius pontifice* (1), *locum benedici et consecrari sollempniter fecit.*

V.... *et aliorum bonorum virorum* non minimi meriti cum quibus semper desiderabat colloqui.

VI. Expleta *itaque* benedictione et omnibus que ad dedicationem sancti templi pertinebant, vadit jam cum reverentia nominandus pater patriae R[otbertus] ante altare sanctissimi P[etri] et dilecti domini A[niani] in conspectu omnium populorum, et exuens se vestimento purpureo quod lingua rustica dicitur roccus, utroque genu fixo in terram, toto de corde ad Deum supplicem fudit precem [in] his verbis: « Gratias, inquit, ago tibi, bone Deus, qui ad effectum meam voluntatem *hodie perduxisti sancti A[niani] meritis,* letificans animam meam de corporibus sanctorum cum

VII. Expleta benedictione *sollempne* (2), et omnibus que ad dedicationem sancti templi pertinebant vadit jam cum reverentia nominandus pater patrie Rotbertus ante altare sanctissimi Petri et dilecti domini Aniani in conspectu omnium populorum, et exuens se vestimento purpureo quod lingua rustica dicitur rocus, utroque genu fixo (3) in terram, toto de corde ad Deum supplicem fudit precem in his verbis: « Gratias, inquit, ago tibi, bone Deus, quod ad effectum meam voluntatem *hodie meritis sancti Aniani perduxisti,* letificans animam meam de cor-

---

(1) Les mots *Odolrico... pontifice* ont été biffés.
(2) Ms.: *sollempne* changé en *sollempni.*
(3) Ed. Hist. de Fr.: *flexo.*

eo hodierna die triumphantium. Da ergo, Domine, per hos sanctos t[uos] vivis delictorum indulgentiam, defunctis omnibus vitam et requiem sempiternam. Tempora nostra prospice, regnum t[uum] quod tua pietate, misericordia, bonitate nobis datum est, rege, dispone, custodi, ad laudem et gloriam [no]minis tui, sancti Aniani virtute mirabili, patris patrie ab inimicis mirabiliter liberate. »

Peracta oratione ad sua letus regreditur et de suis donariis ipso die locus insigniter nobilitatur, in IIII^{or} scilicet palliis preciosissimis, et *urceolo* argenteo, et capella quam post obitum suum Deo et *sancto attribuit* Aniano. Capella autem hujus piissimi, prudentissimi, potentissimi regis R[otberti] talis fuit: cappe XVIII bone, op[ti]me et bene parate; libri euvangeliorum aurei II, arg[entei] II, et alii II parvi, cum missali uno transmarino bene parato hebore et argento; philacteria aurea XII, altare unum, auro et argento mirabiliter p[ar]atum, continens in medio petram laudabilem que dicitur onichinus; cruces aureae tres; major ex his continet in se libras auri puri VII.

VII. *Acta sunt hec in civitate Aurel[ianensi]* XVIII *Kalendas julii, quo etiam die celebrabatur preclara ejusdem confessoris Christi A[niani] translationis sollempnitas et dedicationis sanctae nobilitas.*

VIII. ANNO DOM[INICE] INCARNATIONIS M^{XX}M^{MO} VIIII, INDICIONE XII^{MA}.

poribus sanctorum cum eo hodierna die triumphancium. Da ergo, Domine, per hos sanctos tuos vivis delictorum indulgenciam, defunctis omnibus vitam et requiem sempiternam. Tempora nostra prospice, regnum tuum quod tua pietate, misericordia, bonitate, nobis datum est, rege, dispone, custodi ad laudem et gloriam nominis tui, sancti Aniani virtute mirabili, patris patrie, ab inimicis mirabiliter liberate. »

Peracta oratione ad sua *quisque* letus regreditur, et de suis donariis ipso die locus insigniter nobilitatur, in IIII^{or} scilicet palliis preciosissimis, et *urceo* argenteo et capella quam post obitum suum Deo *omnipotenti* et *sanctissimo confessori delegavit* Aniano. Capella autem hujus piissimi, prudentissimi, potentissimi regis Rotberti talis fuit: cappe X^{cem} VIII^{to} bone, optime et bene parate; libri evangeliorum aurei II°, argentei II°, et alii II° parvi, cum missali uno transmarino bene parato hebore et argento; philacteria aurea XII^{cim}; altare I, auro et argento mirabiliter paratum, continens in medio petram laudabilem que dicitur onichinus cruces auree III; major ex his continet in se libras auri puri VII.

VII.... anno dominice incarnacionis M^{mo} XX^{mo} VIIII^{no}, indictione XII^{ma}....

1e *Addition.* (1)

XI.... quorum memoriam justorum hic adnotari curavimus: principale in honore *apostolorum Petri et Pauli;* ad caput Sancti A[niani] I, ad pedes I; sancti Be[nedicti], sancti Evur[tii], sancti Laur[entii], sancti Georgii, *de Omnibus Sanctis,* sancti Mar[tini], sancti Mau[ritii], sancti Stephani, sancti Antonini, sancti Vinc[entii], sancte Marie, sancti Johannis, sancti Salvatoris, sancti Mamerti, sancti Nicolai, sancti Michachelis.

II.... quorum memoriam hic adnotare curavimus: principale in honore *apostoli* Petri, *cui supradictus rex adsociavit coapostolum Paulum in benedictione, cum non antea ibi nisi solius sancti Petri esset veneratio;* ad caput sancti Aniani unum; ad pedes *aliud; aliud in honore* sancti Benedicti. *Cetera sunt in honore eorum quorum nomina hic sunt adscripta:* sancti *videlicet* Evurcii, sancti Laurencii, sancti Georgii, *Omniumque Sanctorum, item* sancti Martini, sancti Mauricii, sancti Stephani, sancti Antonini, sancti Vincentii, sancte Marie, sancti Johannis, sancti Salvatoris, sancti Mamerti, sancti Nicolai *et* sancti Michaelis.

2e *Addition.*

X. ... signa V, unum ex his satis mirabile, in quo II millenaria metalli et DC^ae librae fuerunt, cui imprimi jussit signum babtismi de oleo et crismate facti, sicut ordo deposcit.... (2).

VIII.... signa V, unum ex his satis mirabile, in quo II millenaria metalli et sexcente libre fuerunt, cui imprimi jussit signum baptismi de oleo et chrismate facti, sicut ordo deposcit *ecclesiasticus, et ut vocaretur Rotbertus attribueret Spiritus Sanctus.*

(1) Cette addition et la suivante sont d'une même main, différente de celle qui a écrit tout ce qui précède.

(2) Les derniers mots du récit, qui devaient occuper la dernière ligne du feuillet, ont été coupés par le couteau du relieur.

[illegible] [illegible]

[illegible] archiepiscopus [illegible]

[illegible] subsequenti [illegible]

[illegible] et de suo [illegible]

ubicumque [illegible]

[illegible] ab [illegible]

ibi a diebus bonarum [illegible]

sibi [illegible] [illegible]

indiscretio [illegible]

[illegible] [illegible]

[illegible] [illegible]

pontificio [illegible]

[illegible] [illegible]

[illegible] [illegible]

[illegible] prudentissimi [illegible]

in prelium [illegible] [illegible]

[illegible] [illegible] [illegible]
[illegible] cap̃ [illegible] [illegible] [illegible]
[illegible] cress̃ [illegible] [illegible] [illegible]
[illegible] [illegible] [illegible] [illegible] [illegible]
[illegible] Respondisse [illegible] [illegible]
[illegible] clericis [illegible] monachis [illegible]
[illegible] et pro passion [illegible] quorum [illegible]
[illegible] nera et [illegible] Ardeus [illegible]
[illegible] loca [illegible]
[illegible] Marthe [illegible] adhuc [illegible]
[illegible] [illegible]
[illegible] de translatione monasterii [illegible] monasterio [illegible]
[illegible] nunc [illegible] et [illegible]
[illegible] Labici [illegible] [illegible] et sapiens [illegible]
[illegible] Tabula [illegible] meus [illegible]
[illegible] Cresma [illegible] uerecundia [illegible]
[illegible] [illegible] Roma cupid [illegible]
[illegible] Archiep̃s [illegible] Albanus numnum marca [illegible]
[illegible] benedic et consecrans sollemn̄ [illegible]
[illegible] [illegible]
[illegible] et nocte [illegible]
[illegible] anima mea [illegible]
[illegible] defunctis [illegible] et rege septimi [illegible]
[illegible] pietate [illegible] Rex. Dispone [illegible]
[illegible] uirtute mirabili [illegible]
[illegible] denariis [illegible] loco insigni [illegible]
[illegible] et capella [illegible] de et [illegible]
[illegible] prudentissimi [illegible] rex [illegible] Coppe [illegible]
et bene [illegible]
[illegible] transmarino [illegible] Aurea [illegible]
[illegible] argento mirabili [illegible] Philacteria [illegible]
[illegible] Aureos [illegible] Marce [illegible] petra laudabilis [illegible]
[illegible] Aurei [illegible] [illegible]
[illegible] solemnitas [illegible] nobili [illegible]
[illegible] [illegible] [illegible]
[illegible] [illegible]
[illegible] Sci [illegible] [illegible]
[illegible] [illegible] Salomon [illegible] Martir [illegible]
[illegible]

www.ingramcontent.com/pod-product-compliance
Lightning Source LLC
Chambersburg PA
CBHW061033090726
47597CB00014B/4199